푸른사상
시선

29

그리움에는 바퀴가 달려 있다

김 광 렬 시집

푸른사상 시선 29

그리움에는 바퀴가 달려 있다

인쇄 2013년 4월 25일
발행 2013년 4월 30일

지은이 · 김광렬
펴낸이 · 한봉숙
펴낸곳 · 푸른사상사
주간 · 맹문재 | 편집 · 김재호 | 교정 · 김소영

등록　제2-2876호
주소　서울시 중구 충무로 29(초동) 아시아미디어타워 502호
대표전화　02) 2268-8706~7　팩시밀리 02) 2268-8708
메일　prun21c@hanmail.net
홈페이지　www.prun21c.com

ⓒ 김광렬, 2013

ISBN 978-89-5640-995-5 03810
ISBN 978-89-5640-765-4 04810 (세트)

값 8,000원

☞ 저자와의 합의에 의해 인지는 생략합니다.
　e-CIP 홈페이지(http://www.nl.go.kr/cip.php)에서 이용하실 수 있습니다.
　(CIP제어번호 : CIP2013003755)

그리움에는 바퀴가 달려 있다

| 시인의 말 |

　세상 소리에 귀 모은다. 잘 들리지 않는다. 아무래도 내 귀에는 커다랗게 슬픈 딱지가 앉았나보다.

　나의 내면을 끄집어내는 일도 그렇다. 그리 깊고 풍성하고 융숭하지 못하다.

　늘 벽에 부딪힌다. 생각한 것들을 이리저리 주물럭거려보지만 만족스럽지 못하다.

　허나, 낙담할 수만 없다.
　작고 여린 뭇 생명들이 꿈틀거리고, 역사가 살아 숨 쉬는 동안은 한없이 굼뜬 촉수지만 시 쓰기를 멈출 수 없다.

　더듬더듬, 네 번째 시집을 묶어낸다.

　시집을 내는데 도움을 주신 맹문재 주간과 푸른사상 가족들에게 이 자리를 빌려 고마운 말씀 드린다.

2013년 봄
김광렬

| 차례 |

■ 시인의 말

제1부

13　　고드름
14　　행원(杏原)
15　　미륵산 케이블카에서
16　　비틀새
17　　소금
18　　가파도에서
19　　아프리카
20　　흰눈썹붉은배지빠귀 울음소리
21　　황지(荒地)에서 ― 변시지 화백의 그림을 보며
22　　손톱
24　　앉은뱅이 꽃

| 그리움에는 바퀴가 달려 있다 |

제2부

27 숲
28 내가 강자였을 때는
29 젖은 꽃들을 바라보며
30 꽃이 지더니
31 난청지대
32 거미줄 손등
33 물기슭에 서서
34 막걸리 양은주전자를 바라보며
36 고기국숫집에서
37 겨울 저녁에
38 밀감 따는 여인들
40 새순
41 이름 없는 것들을 위하여
42 죽음을 만진다
43 생을 마치다

| 차례 |

제3부

47　　늦가을
48　　문턱에서
49　　반짝이며 흐르는 물소리를 듣네
50　　세화리에서
51　　매미
52　　풍경
53　　궁금하다
54　　빗방울이 나뭇잎과 만날 때
55　　물가에서
56　　저 손수건이 참 곱다
57　　소가 웃는다
58　　가시리
59　　와당(蛙堂) 한 채
60　　산에 무더기 무더기 눈은 내려 쌓여서

| 그리움에는 바퀴가 달려 있다 |

제4부

65 그리움에는 바퀴가 달려 있다
66 제비집 한 채를 위하여
67 눈 내리는 날이면
68 어머니의 마음
69 국화꽃 줄기를 바라보며
70 사랑 바다
72 가마우지
73 아버지
74 이모
76 이길이 형
77 안자 누나

| 차례 |

제5부

- 81 다랑쉬오름에서
- 82 그 산에 까마귀가 있었다
- 84 사월은
- 85 진혼곡 ― 4·3 유해 발굴 모습을 바라보며
- 86 발가락뼈
- 87 송악산에서
- 88 저무는 산지포에서
- 89 강정에서 온 편지
- 90 강정 바다에서
- 91 강정 앞바다에서
- 92 강정 사람들
- 93 북소리

- 95 해설 희망의 원리 ― 고봉준

제1부

고드름

긴장이 삭제된
여름날 오후는
거품이다

팽팽한 활시위에
화살을 재고
당기면

게으른 내가 박힌다
겨울날의 날선
고드름이 된다

행원(杏原)

  기계 풍차가 공룡 같다 둔중한 무게로 덜컹덜컹 돌아간다 그 밑을 지나다 보면 날개가 파편처럼 튀며 내 목을 통조림 따듯 따버릴 것 같다

  행원(杏原)이라는 아름다운 이름을 가진 마을 끝에 쇳덩이들은 살고 있다 살구꽃이나 복사꽃이 만화방창할 것 같은 그곳은 이제 끝없는 겨울의 시작이다

  표정 없는 저 거대한 물체들, 차가운 손가락들이 허공을 휘저을 때면 싹둑싹둑 허리 잘리는 바람 소리 소름 돋는다

  그래도 아래 발치 풀밭엔 오종종 핀 쑥부쟁이들이 그나마 입김 따뜻하다

미륵산 케이블카에서

케이블카와 지상과의 거리가
아이를 떼어내고 있다

소스라쳐 놀란 아이가
끊임없이 무섭다고 한다

그 옆 부모의 설득은
뜯긴 솔기를 꿰매지 못한다

아이의 입에서
언제쯤 무섭다는 말이 사라질까

사라지기는커녕 가시가 되어
더욱 스스로를 찌르리라

케이블카와 지상과의 거리보다
더 아득한 세상을 만나리라

아이가, 미래가 불안하다

비틀새

마음이 어수선하니
비틀새 운다
비틀새 우니
바람도 비틀거린다
바람이 비틀거리니
풀잎들이 비틀거리고
나뭇잎들도 비틀거린다
애초부터 비틀새 있어
비틀비틀 운 것은 아니다
세상이 비틀거리니
모든 소문들이 비틀거리고
너도나도 비틀거린다
비틀거리는 것들은
단단한 말뚝이,
없다

소금

살아온 날들 다듬어지지 않아서
모나고 짜디짠
소금은 그녀의 전부다
보석 같은 그것은 보석이 아니다
보석이 아니어서
단단한 유리 장치가 없다
뜨거운 땡볕이거나 혹한 속에서
왜 자꾸 슬픔은 솟아나는지,
하찮아보일수록
하찮아져서는 안 된다는 정신이
각지고 짠 결정체를 빚어냈다

가파도에서

외롭지 않으면 목이 길지 않다
목이 길어서 섬이다
제주 사람들이 뭍을 그리워하듯
가파도 사람들은 제주 섬 쪽으로 긴 목을 뺀다
어디를 가나 파도가 울고 있어서
가슴에 늘 외로운 새 한 마리 산다
칵, 가래침 긁어 올려 파도에 섞는다
내일도 모레도 고달픈 오늘이다

아프리카

헐벗은 것들은 깡마르다
젖에서 젖이 나오지 않는다
그 너머로 석양이 핏빛이다

석양이,
핏빛인 이유가 있었다

흰눈썹붉은배지빠귀 울음소리

　대나무 빳빳이 구들장을 뚫고 솟구친, 폐허 되어버린 그 집 뒤뜰 나무 위에 피맺힌 새 울음소리 가슴이 새까맣게 타버린 흰눈썹붉은배지빠귀 울음소리

황지(荒地)에서
― 변시지 화백의 그림을 보며

초가 한 채와 조랑말과
마른 풀잎과 몇 그루 나무와
지팡이 짚은 깡마른 사내 하나
절뚝거리며
바람을 분질러내고 있다
저 다리로 험한 세월 건너왔다
성한 다리 지니고도
나는 자주 세상에 꺾인다
날갯죽지 찢길 것 같은
바람까마귀 몇
강파른 죽음을 이겨내고 있다

쩽,
금 가는 소리 들린다

손톱

죽, 이, 고 싶었다고 했다

너는 내 유전자가 아냐
술에 취해
어느 날 아버지가 말했다

가시 박혀 빠지지 않았다
몰래 손톱을 키웠다

날마다 벽을 긁었다
드디어 단단해졌을 때

거꾸로 아버지는
병색 짙은 숨 헐떡거렸다

아버지 손톱은 어디로 갔나요
아버지, 그 손톱 드러내세요

어느 날 그는 술집에서
나지막이 고백했다

손톱 빠진 아버지가

이제 가엾어 못 견디겠다고

앉은뱅이 꽃

우뚝 선 선돌만 바라보다가
그 아래 발치 앉은뱅이 꽃 못 봤다

제발 좀 봐 달라고
애원하지 않았다

나도 눈 줄 생각 안 했다
오직 높은 곳만 바라보였으므로

시선을 아래로 내리는 어느 순간 얼핏
앉은뱅이 꽃이 보였다

그 순간 나도 함께 보였다
왜 나도 선돌이 한 번도 눈길 주지 않는

앉은뱅이 꽃이라는 사실을
캄캄하게 몰랐을까

제2부

숲

꾸역꾸역 안개가 숲을 가려도 숲은 있다
누군가 나무들을 베어내고
나이테를 조작하고
불길이 재빨리 숲을 먹어치워도
잿더미 된 자리에
숲은 다시 뿌리를 키우고 초록 손가락들 내밀며
의연하게 살아온 기억이 있다
안개가 가린다고
삶이 가려지는 것은 아니다
쇠똥구리는 오늘도 겨울을 날 양식을 뭉치고
새들은 둥근 둥지를 튼다
안개가 숲을 가린다고
숲이 한숨만 내쉬고 있는 것은 아니다
당신이 식솔들을 거느리고
여기에 이르렀듯
숲 또한
흐린 눈을 닦으며 먼 길 걸어갈 것이다

내가 강자였을 때는

밤늦어 술친구 집에 찾아갔더니
소주 섞어 냉장해둔 사슴 피를 꺼내온다
사양은 예의가 아니라 생각되어
마지막 한 방울까지 다 털어 넣는다
뿔은 그 동물의 자존심이고
피는 기쁨이고 분노이고 생명인데
나는 오직 그 힘을 빌려
강자의 꿈을 꾼다
그리고는 입가의 피를
저 옛날의 사냥꾼처럼 쓱, 닦는다
약자는 강자의 먹이가 된다는 사실을
보다 강자였을 때 나는 까마득히 몰랐다

젖은 꽃들을 바라보며

젖은 꽃들이 물 먹은 비늘처럼
웅덩이에 찰싹 달라붙어 있다

발목을 묶는 빗물,

나를 묶던 것이 있었다
생존이라는 끈

버리지 못했다 버렸을 때
쌀독 긁는 소리 날까봐서!

떠나는 일은 버리는 일인데

작은 물웅덩이에 납작 엉겨 붙어

멈칫 멈칫 떠나지 못하는 저것들

이 비린내 나는 세상

꽃이 지더니

꽃이 지더니
엄지발톱 하나 툭, 떨어져 나가더군
전혀 아프지 않더군

아프지 않아 이상하더군
배반당한 기분이더군
배반당해도 슬프지 않더군
떠날 것은 떠나야 한다고
누군가 조용히 이르는 귀엣말

꽃 진 자리
내년 봄 다시 꽃 필 자리
꽃 피고 꽃 질 때
내 마음의 무슨 비늘 하나
또 소리 없이 떨어져 나가겠군

난청지대

말소리들이 머릿속을 기어 다닌다
벌레 같다 꼼지락거리며 실체를 드러내지 않는 벌레
발발 허공의 구름다리 타고 건너와
사각사각 뇌를 갉아 먹는다
도저히 알 수 없다
저 숱한 사람들의 말소리를
나는 왜 제대로 해독해내지 못하는지
작은 발톱 쿡쿡 찍으며 기어 다닌다
혹은 둥둥 떠다닌다
방금 들었던 말도 기억해내지 못한다
뇌에는, 빠지직거리며 돌아가는
기계 소리가 사는 것 같고
바위를 치는 거친 파도 소리거나
벌이거나 파리 떼 같은 것들이 윙윙 산다
예전에도 이랬던가
그런 것 같기도 하고 아닌 것 같기도 하고
참 신통하기도 하지
그런데도 어떻게 여기까지 흘러왔나
저 거뭇거뭇 아픈 생채기들을 데리고

거미줄 손등

내가 젖빛 보드라운 손등을 가지고 있었을 때는
늙수그레함은 늙수그레한 사람에게만 찾아오는 줄 알았지
거미줄 친 손등은 오직 그 사람의 전유물이라고만 생각했지
그런데 오늘 아침 내 쭈글쭈글해진 손등을 보면서
참 세월이 빠르기도 하구나
어느덧 나에게도 이런 때가 다가오다니 하고
한참은 우울해졌지
그것을 수챗구멍에 내다버릴까 하다가
나를 맞이하러 오는 생을 거부하는 일은
나를 잃어버리는 일이라며 마음을 돌려세웠지
거미줄 마음과 소통하기로 했지

물기슭에 서서

물살에 할퀴고 찢기면서
오는 물결 가는 물결
다 맞이하고 보내는
물기슭의 저 풀잎들이
진짜 사람입니다

자신의 욕망만을 위해서
앞만 보며 달려가는 사람은
사람이고서도
사람이 아닙니다
풀잎 할퀴고 가는 물살입니다

풀잎 어루만지며 가는
물살 같은 사람을
거리에서 보았습니다
천 원짜리 지폐 한 장 내미는
그의 손이
참 거룩해 보였습니다

막걸리 양은주전자를 바라보며

성한 곳이라고는 한 군데도 없는
그야말로 벌집처럼 패인 저 양은주전자도
상처 드러낸 채로 살아가잖는가

우리가 세상 경륜을 두루 거친 인생 선배를 존경하듯
찌그러지고 헐벗어서 더 손님들이 사랑한다는
막걸리 양은주전자를 바라보며
그래, 상처투성이로 살아간다고 슬픈 것만은 아니라고

너에게 위안을 주는 것은
결코 너를 위무하는 말만은 아니다
떨어져 비에 젖은 나뭇잎을 바라보며
모든 사람들이 다 추지다고 여기지는 않듯이

세상 한 모퉁이에는 아픈 것들에게
따뜻한 시선을 보내는 이들도 있다
한스러움으로 본다면 저 양은주전자도 남 못지않다

그러나 도전적으로 묵묵히

그래, 더 부딪치며 살아가자
그 순간순간들이 내가 살아가는 존재의미라는 듯
상처를 빛내며 사람들에게로 간다
상처가 상처를 어루만지러 간다

고기국숫집에서

세 부자가 고기국숫집에 깃들었다
아비는 늙은 노새를 닮았다
어디서든 권위가 안 설 것 같은,
머리털이 몽당빗자루 같은,
왜소한 아비와 함께 온 두 남매가
쑥부쟁이처럼 고왔다
아비가 자식들의 그릇에
말없이 돼지고기 한 점씩 얹어주었다
나는 소싯적 찌든 아비를
얼마나 부끄러워했는가
가슴에 아리게 면도날이 서는데
서럽긴 해도
저들은 덜 아프겠다

겨울 저녁에

얼룩무늬 반팔 티셔츠만 입은 채로
너는 나에게 길을 물었다
처음에는 여름이거니 착각했다
혜성놀이터 가는 길을 가르쳐주었다
어둠처럼 제대로 씻지 못한
손에는 까만 봉지가 들리어 있었다
아빠가 서귀포에 간다고
급히 전해주어야 한다고
너는 바쁘게 멀어져 갔다
그런데 왜 내 마음에 알 수 없는
통증이 서는 거지
느닷없이 서귀포로 간다는 아버지
울먹울먹한 모습으로
무언가를 전달하러 가는 아이
아무리 다급해도 왜 엄마는
아이를 따뜻하게 챙기지 않았을까
엄마 없는 아이는 아닐까
아빠마저 떠나버리는 것은 아닐까

밀감 따는 여인들

손이 갈고리 같다고 마음까지 닮은 것은 아니다
사는 일이 힘들어 밀감 따는 여인이 되었으나
밀감에게 한풀이하는 행위는
정말 부끄러운 일이란 것쯤은 안다
부드러운 마음을 주지 않으면 손에 들고 있던 전정가위가
날카롭게 살갗을 할퀴어버린다
상처 입은 밀감은 저 스스로 썩어들다가
다른 것들에게 곰팡이를 옮기면서 공멸한다
그러나 그녀들의 손길은 이미 숙련되어
마음보다도 더 유연하게 밀감을 따서 바구니에 넣는다
서툰 내가 상처 입히며 힘들게 밀감을 따는 동안
그녀들은 사이사이 질퍽한 육두문자까지 섞는다
어디서나 사람들은 살아가기 마련이다
지옥 불구덩이 속에서도 살아갈 것이다
노동을 짜내서 자식들 키운 그 억척스러움을
스스로 대견해 하며,
꿈은 하늘에서 내리는 것이 아니라
마음 안에서 거칠게 뒤채며 생장하는 것이다

한겨울에 밀감 따는 여인들을 바라보면서

나의 꿈은 왜 이렇게도 작은가 하고 자조하지 마라

깨알 같은 꿈도 뭉치면 커진다

꿈은 땅끝에서 정강이를 타고 가슴에 돛대를 세운 뒤

푸른 바다를 향해 나부낀다

가다 거꾸러져도 어쩔 수 없다

오늘 저 여인들의 꾸는 꿈은 무엇인가

새순

　새하얀 어린 저 새순, 여린 살 속 비집고 첫 싹을 틔운다 음식을 씹고 수액을 빨아들이고 세상의 질긴 고통도 질근질근 씹어 넘길 이, 탄생은 늘 소름 돋도록 아름다워서 마음에 둥근 물무늬가 와서 놀다 간다 아이야 네가 살아가야 할 아득한 진애(塵埃), 그 차갑고 매서운 매 발톱 같은 빈 밥그릇 속으로 두려움과 기쁨을 섞어 너를 떠나보낸다

이름 없는 것들을 위하여

이름 없는 곳으로 간다고 괴로워 마라
이름 없다고 네가 없는 것은 아니다
보잘 것 없는 풀도 돌멩이도 다 끈질기게 살아가는 것을
그곳에 가서
네가 이름을 붙여주고
이름을 불러주고 맑은 눈 틔워주렴
그러면 언젠가 네 이름도 꽃이 될 것을
이름 없는 것들에겐 네가 희망이다

죽음을 만진다

죽음은, 새 눈 틔우는 연초록 잎에 스미어 있다
몽글거리는 꽃봉오리에 깃들여 있다
빈 밥그릇에 담겨 있다
시큼한 겉절이에 절여져 있다
지나가다가 슬쩍 던지는 너의 말에 숨어 있다
연초록 잎은 더 푸른 날들을 기다리고
꽃봉오리는 더 찬란한 시간들을 보낼 것이고
빈 밥그릇은 따뜻한 밥으로 채워질 것이고
겉절이는 잃어버린 입맛을 되살릴 것이고
너에게는 아름다운 시절들로 충만할 것이다
그러던 어느 날 화려했던 때는 가고
꽃이 지고
그릇이 비워지고
겉절이는 희생되고
너에게는 서슴서슴 종말이 올 것이다
그때가 두려워 모든 것은 최초에
몸 비틀며 몸서리치게 우는 것이다

생을 마치다

얼굴 누렇게 뜬 채 식은 땀 흘렸다

묽은 눈곱이 콧잔등 모서리 타고 흘러내렸다

갈아엎는 흙이 예전처럼 옹골차지 못했다

이제 이놈 생도 다 끝났다고 쟁기 잡은 농부가 중얼거렸다

들은 것일까, 가다가 자주 하늘 향해 슬픈 울음 울었다

오늘 도축장 앞을 지나다 끌려가는 황소를 보았다

옛날의 그 황소와 몹시 닮았다

제3부

늦가을

나뭇잎들 마지막으로 여읜 싸늘한 밤
나뭇가지들은 일제히 울기 시작했다
누구나 다 슬픈 한때는 있는 거라며
별들이 내려와
주렁주렁 고운 잎들을 달아주었다

문턱에서

침이 마르네, 문턱에서
내 침샘은 말라버리네
사랑한다는 말을
그예 놓치고 마네
그 말 꿀꺽
목구멍을 넘지 못하네
그리하여 우리는 늘
경계선 이쪽과 저쪽에 있네
그대도 침샘이 마르겠지
사랑을 말하려는 순간
사랑은 느닷없이
무겁거나 가볍거나
기쁘거나 두렵거나
달거나 쓴 것이 되고 마네
내가 흔들 수 없는
높은 나뭇가지가 되고 마네

반짝이며 흐르는 물소리를 듣네

네가 아플 때 나는 안 아프고
네가 안 아플 때 나는 아프고

우리는 늘 수평을 그으면서
아주 만나지 못할 것 같았지

그러다 공교롭게
두 눈 딱 마주칠 때처럼

너도 아프고 나도 아플 때 있지

그럴 때면 가슴 한복판으로
반짝이며 흐르는 물소리를 듣네

가끔은 서로 아팠으면 좋겠네
아프지 않은 이 저녁은 홀로 쓸쓸해

너에게 가는 모든 길이
나에게 오는 모든 길이 보이지 않네

오늘 온종일 아팠으면 좋겠네

세화리에서

  오일장터 한 귀퉁이 술집, 등대처럼 앉아 막걸리를 기울인다 닷새에 한 번씩 와자지껄했을 사람들은 철새처럼 다 어디론가 날아가고 비춰주는 불빛 하나 없다 세화(細花), 섬섬옥수 여인은 어디로 부끄러움 숨겨버렸나 찾으러 나선 그리움만 기진맥진 돌아온다 앞 물가 새들도 오락가락한다 돌아보면 찬 자리 찬 파도만 일렁여 못내 따뜻한 사람이 그립다

매미

달빛 아래
끝없이 책장을 넘기고 싶었던 것이다
은방울꽃처럼 낭랑하게
풍금을 두드리고 싶었던 것이다
불어오는 바람에
시린 날개 파닥이며
밤새 시를 쓰고 싶었던 것이다
늦가을로 가는 길목
폐교가 되어버린 학교 운동장
버짐나무 깊숙이 발가락 박은 매미
죽어서도 오도독
살아 있는 것들을
느끼고 싶었던 것이다

풍경

연초록 토란 잎 사이로 날아오른 새
나무 위로 가서 물 맑은 소리를 낸다

뻐끔뻐끔 거품을 일으키다가
풍풍 터진다

문득 새소리 끊겼다
튕겨 나갈 것 같은 고요 속

내 귀가
이파리 사이를 뒤진다

옛날, 눈빛 곱던 사람은
어디서 무얼 하며 빛 바래갈까

궁금하다

딱딱한 껍질이 여린 씨앗을 감싸 안듯
제 꿈을 감싸 안고 있을 저 사람

그 안에 어떤 꿈이 자라나고 있는지

궁금하다 껍질 벗겨내고 씨앗 만지듯이
가서 까만 그의 속을 들여다보고 싶다

그러면, 몽글거리는 꿈이
그 예쁜 씨앗을 툭 터트릴 것 같다

젊은 날 갔다고 꿈도 사라졌다 생각 마라

빗방울이 나뭇잎과 만날 때

빗방울이 나뭇잎과 만날 때
찰랑, 하는 울림이 좋다
울림은 소리보다 먼저
가볍게 몸 떠는
나뭇잎의 출렁거림으로 온다
어느 날 누군가
내 옷자락에 묻은 흙먼지를 털어주었을 때
동그랗게 일던 파문처럼
빗방울은 나뭇잎을 울리고
음악처럼 미끄러지며
다시 땅바닥을 친다
창가에 앉아
하염없이 번져가는 무늬를 본다
이다음에 만나면
너에게 묻은 슬픔을 내가 털어주마

물가에서

모처럼 부모 따라 와서
찰랑찰랑 발로 물을 간지럼 태워 보는 아이
간지럼 타며 개울물은 퍼져서
이 끝에서 저 끝으로
부챗살처럼은 퍼져나가서
그리 멀지 않은 곳에서 바라보는
내 마음에도 햇살처럼은 퍼져서
빙그레 미소가 벌어지는
아, 나는 저 아이의 발가락을 가졌다
저 아이의 물살을 가졌다
해맑은 꽃무늬를 가졌다
여기 오지 않았다면 볼 수 없었을
기쁨을 가졌다
물살이, 물 동그라미가 자꾸만 번져나서
나는 하루 종일
마음이 떼굴떼굴 간지러웠다

저 손수건이 참 곱다

산길 휘돌아 돌 때
누군가의 손수건 떨어져 있다
손이 뒷주머니로 가다 마는데
나도 잃어버린 것들이 있다
언젠가는 바람이 모자를 데려가 버렸다
목도리도 제 목에 휘감아버렸다
손수건은 헤아릴 수 없다
머리 시린 산이 모자가 필요한 거라고
목 선뜻한 산이 목도리를 두르고 싶은 거라고
잠시 팍팍한 다리 두드리며
땀방울 훔쳐내고 싶은 거라고
생각하는 사이, 나는 나를 잃어버렸다
어떤 사람들은 왜 그 남아도는 것들을
더 많이 갖지 못해 난리인지,
산행하던 그 누군가도 하나쯤 없어도 될 것을
추운 산에게 내주었나 보다
저 노을빛 손수건이 참 곱다

소가 웃는다

오름 오르는 나에게
길게 하품하며 소가 웃는다

너는 늘어지게 풀을 뜯어본 일이 없지
게으르게 풍경을 즐겨본 일도 없지
느긋함이 아름다움인 줄 모르지

오자마자 한번 쓱 훑어보고는 떠나는 인간
차를 타고 뿌옇게 먼지 일으키며 와서는
쫓기듯 부랴부랴 되돌아가는 인간
목을 뻣뻣이 세우고 가슴은 새처럼 떨며
마음은 늘 세속에 갇힌 속물
그렇지, 맞지

입 걸쭉하게 하품 궁굴리며
세상 일 잊은 듯 선한 눈을 뜨고
소가, 풀잎 속에서
한없이 느릿느릿 웃는다

가시리

오름 한두 개 어렵지 않게 오르고
가시리에 가서 가시리를 먹지
거기 칠순 할머니가 운영하는 식당
순댓국 맛있는 박리다매
오랫동안 안 가면 그리워지지
무언가 잊은 듯 궁싯거릴 때
때마침 친구가 불러내 가자고 하지
서둘러 차비하며
그 맛 머릿속에 궁굴리면
입안에 군침 음악처럼 울려 퍼지지
산다는 게 대단한 것 같지만
어쩌면 단순한 박리다매
우리가 가고 싶은 곳은 바로 그런 곳이지
모서리 찌그러진 탁자
약간은 삐걱거리는 의자
짐을 부려놓은 듯 헐거운 느낌
간혹 못 견디게
우리를 유혹하는 깃털 같은 것들

와당(蛙堂) 한 채

작은 연못이 와당이다
거기 수련과 붕어와 잉어와
소금쟁이들 벗 삼아
와승(蛙僧)이 살고 있다
이곳에서 한 몸 자유롭다
염불외다 싫증나면
허공에 흐르는
솔바람 소리 듣는다
언젠가
뭉게구름이 하도 탐나서
붙잡으려 하기도 했다
얼마나 부질없는 일이었는지
저절로 쓴웃음이 난다
텅 빈 마음이 좋다

산에 무더기 무더기 눈은 내려 쌓여서

산에 무더기 무더기 내린 눈은

마을로 내려오지 않아서

섭섭하다고 하는 사람

성가시지 않아 좋다고 하는 사람

눈이 그리운 나는 눈 보러 산으로 가고

눈을 밟으면

눈을 밟는 소리 타고

내 마음은 한없이 맑아져서

나뭇가지에 걸린 눈꽃만큼은 아름다워져서

눈이 나인지

내가 눈인지 알 수 없게 된다

온통 눈이 되어서 걷고

눈이 되어 서고

눈이 되어 눕는다

마을은 멀어서

마을이 떠오르지 않는다

미운 사람 얼굴도 잊혀졌다

새로운 그리움이 돋아나서

모두 그리운 얼굴이 된다

산에 무더기 무더기 눈은 내려 쌓여서

눈 속에 있으면

눈 속의 눈 세상이 보인다

제4부

그리움에는 바퀴가 달려 있다

그리움에는 바퀴가 달려 있다

덜컹덜컹, 때로는 미끄러지듯

내가 닿고 싶은 곳으로 데려다 준다

그리움이 짙으면 짙을수록

바퀴가 굴러가는 속도는 빠르다

어느새 내가 가고 싶은 곳에 닿아 있다

너는 모르지 너의 곁에 내가 있다는 것을

지금 바로 출발한 내가

너의 손에 편지처럼 들리어져 있는 것을

이별이 바퀴를 굴리며 떠나가듯이

그리움도 바퀴를 굴리며 떠나간다

이별이 우리를 갈라놓았지만

헤어졌다고 그리움이 없는 것은 아니다

그리움으로 슬픔을 덮으며 살기도 한다

그리움에는 바퀴가 달려 있어서

늘 너에게로 떠날 수 있어서

이별은 있어도 좋다

제비집 한 채를 위하여

제비집 한 채 철렁
땅바닥에 떨어져 있다
동강난 것들은
내 마음에도 금을 낸다
어떤 온전한 것도 사실은
온전한 것이 아니다
둥지가 보듬어 안았을 제비들
지금은 없어진 고향집 같은
아, 거기 세상을 어루만지던
따뜻했던 손길들
모두 사라져 없다
바람이 부스러기 흙 껴안고
가는 길 아득하다

눈 내리는 날이면

눈 내리는 날이면 군고구마 생각 펄펄 끓느니
혀끝에 구수한 미감이 촉촉이 살아나느니
어머니와 누나와 아궁이와 불과
잿더미와 눈물 나는 매캐한 연기와
불길 속에 날름날름 익어가는 고구마와
창밖에 퍼붓는 싸르락 싸르락 싸락눈과
장단 맞춰 불길은 여물어가고
고구마 익어가는 냄새 벌겋게 아궁이를 달구면
고요하던 내 침샘 느닷없이 요동치느니
어머니도 누나도 아궁이도 불길도 고구마도
눈 내리는 날이면
슬쩍슬쩍 그리운 눈길을 지피느니

어머니의 마음

성장을 멈춰버린 것은 아닐까 적이 염려되어
어머니는 하루에도 수십 번
자식 모습
뜯어보고 또 뜯어보았던 것은 아닐까
없는 키를 허공에
늘여보고 또 늘여보았던 것은 아닐까
그러다 어느 날 불현듯 다 커버린 자식 보고
이제는 되었구나!
한시름 놓았던 것은 아닐까
허나 새로운 걱정 산 너머 산이었겠지
오늘 태풍 지난 뒤 금값 된 채소를 보면서
우리 어머니도 은근히
자식이 금값 되기를 바라지나 않으셨는지,
허나 나는 안다
어머니의 마음은 내가
밥줄이나 놓지 않고
이 험한 세상 든든히 이겨내는 것임을

국화꽃 줄기를 바라보며

줄기 하나가 수많은 꽃대를 밀어 올리더니
꽃을 피워냈다
위쪽은 풍성하고 아래쪽은 한참 쓸쓸하다
저리 숨 가쁘게 꽃을 피워냈으니
가슴 뿌듯할 거라고
남부럽지 않을 거라고 생각해도
홀로 빈집 지키는 어머니처럼
자식들 튼실하게 키워내고서도
언젠가는 홀로 되고 말 사람들처럼
마음 시리다
그 국화꽃 옆에 우두커니 서 있다 왔다
나도 빈집 지킬 때가 많아져간다

사랑 바다

가을이면 어머니 귀 쫑긋 세웁니다 가을이 어디쯤 오는지 어디쯤 와 붉은 실핏줄 속울음 풀어내는지 엿듣습니다

그러니 뒤란 돌담을 배경으로 토란들이 쟁글쟁글 영글어가는 소리 못 들을 리 없습니다 어김없이 듣고 맙니다

골갱이로 조심스럽게 땅속을 열어봅니다 크고 작은 흙 속 알갱이들이 고구마 줄기에 매달린 고구마들처럼 도란도란 얼굴 쳐듭니다

한 번도 본 적 없는 세상이 눈부십니다

소쿠리에 담긴 토란은 이내 물가로 옮겨지고 하얗게 껍질 벗겨지고 알맞게 동강나 국물 속에서 가을의 무게로 쑥, 가라앉습니다

아슥아슥 물컹물컹한 젖꼭지 같은 것이 씹힙니다 어머니는 한 술 뜨다 말고 가만히 앉아 물끄러미 자식 표정을 읽기 시작합니다

맛있게 먹는지, 싫은 기색을 하는 건 아닌지, 아마도 그런 것들 무념이 관찰하고 있는 거겠지요

거기에 어머니의 잔잔한 마음이 아궁이 불꽃처럼 곱게 일렁이다가 노을로 확 번집니다 세상이 깡그리 사랑 바다입니다

가마우지

뇌출혈로 쓰러진 우리 어머니처럼
너는 갯바위를 떠나지 않는다
끼니 때 되어서야
불편한 얼굴로 일어나서
모래알 씹듯 밥을 넘기는
어머니, 그런 어머니를
애처로운 가마우지라 부르랴
배고파서야 자맥질하는 너를
우리 어머니라 부르랴
손닿고 싶은 곳 마음 둔 곳
훨훨 깃 치지 못하고
갯바위에 고름 같은 똥 누며 떨며
젖은 날개를 오래된 슬픔인 양
쉼 없이 부리로 쓰다듬는 너를
안타까운 우리 어머니라 부르랴

아버지

오랜 나무에 아련한 옛 향기 머물듯
아주 떠나지 못하는 아버지

부르면, 절망의 틈새로 오롯이 손 내밀어
나를 이끄는 아버지

아버지, 당신은 어쩔 수 없이
아버지십니다

어른 돼서도 앞가림 못하는 나
커서도 어린 자식입니다

나는 오늘도
젖은 목소리로 당신을 부릅니다

늘 귀 기울이느라
저승에서도 편안하지 못한 우리 아버지

이모

아청빛 물감처럼 고요히 저물어가고 있다
물갈퀴 같은 잠녀 일
일당받고 밀감 따는 일 다 그만두고
허리 통 앓으며 문밖도 나서지 못하고 있다
이모가 처녀였을 때
우리 집에 함께 살 때
그때부터 잠녀였던 여자,
바다에서 돌아오다 길가에서 만나면
전복이나 소라 하나 꺼내어 손에 꼭 쥐어주던
첫 남편 산에 가 죽고
두 번째 남편 배꾼 되어 멀리 떠나버리고
세 번째 남편마저 세상 등져
애틋한 마음의 편지는 꼬박꼬박 주고받는지
홀로 외딴집 지키며 늙어가는 여자
무료하여 슬며시 옛이야기 꺼낼라치면
가을볕 같은 눈물 주르르 흘릴 것 같아
내가 아주 말문을 닫아버리고 마는,
세상살이 참 지긋지긋했을까 지금은 덤덤할까

지그시 감겨들던 눈을 뜨니

정말 고추처럼 어릿 어릿 붉어가는 핏빛 바다

이길이 형

월남전에서 당당히 살아 돌아온 그가
돈이 목숨이었을까
목숨이 돈이었을까
목숨 걸고 번 돈 다 날렸다고
목숨 끊었다
어느 바람 시린 부산 태종대
검푸른 파도에 생을 맡겨버렸다
그해 여름 우리는 자갈치 시장
가스등 희미한 불빛 아래서
멍게와 해삼을 안주로 소주를 기울였다
동업자가 돈 다 들고튀었다며
어두운 바다에
오래 캄캄한 시선을 던졌다
몇 달 뒤 부고가 날아들었다
끈질기게 살아남지 못하고
바보 같은, 참 바보 같은
새 한 마리 저 어딘가로 포르르

안자 누나

등허리까지 머리 찰랑이던 안자 누나
전남 어디론가 물질 나갔다 아주 그곳 사람 되고
돌아오지 않는데요
지금도 나보라는 듯 물질 잘하고 있는지 몰라

사람이 살아가다보면
손톱에 지워진 봉숭아 꽃물처럼 되기도 하는데
잊히거나
마음 한 구석 무슨 무늬처럼 남아 어른거리거나

이제 불현듯 생각해보니
찰랑찰랑 머릿결 곱던 그 누나 그림자
시퍼런 바다 위 아직도 남아
호오이 호오이 숨비소리 하고 있는데요

유년의 제주 바다는 어디로 가버렸는지 몰라
그 누나 따라 뭍으로 가버렸는지 몰라
바다에 가보아도 없고
물결만 찰랑이며 그리운 몸 뒤척이던데요

제5부

다랑쉬오름에서

분화구 위로 한 떨기 수국처럼 낮달이 파리하다

사연을 모르는 사람들은

저기 웬 낮달 하나 떠 있군,

하는 정도로 무심히 흘려버린다

내가 감히 밟고 선 오름 저 아래 동굴에서

죽은 사람들이 발견된 적 있다

몇 구의 해골과 허연 손톱과 찌그러진 그릇과 사금파리와

두려워서 도저히 세상으로 나가지 못한 캄캄한 마음과

그런 것들이

삼십 년 아픔의 시간을 보내다 그 모습을 드러냈다

공포로 떨던 시간만큼 원한의 시간도 길 것이다

수심 머금은 낮달이 소리 죽여 운다

그 산에 까마귀가 있었다

그 산에 까마귀가 있었다
몇 마리 떼 지어 깍깍 울어대었다
신들린 소리 같다고
어떤 사람들은
후여, 멀리 날렸다
파드득 날갯짓하는 시늉하다가
도로 나뭇가지에 내려앉는다
어쩌다 산행 온 사람들이 눈총을 주지만
사실 까마귀도
많은 시련의 날을 보냈다
오래전 마을에서는 살 수 없어
최후의 수십 마리
산속 찾아들어 번식했다
이제 총소리가 들리지 않아
다행이다
얼마나 많은 까마귀들이 죽어갔는가
어쨌든 강자들의 논리는 늘
불편한 존재는 한 하늘을 이고

살 수 없다는 것이다

그러니

후여, 멀리 날려 보내지 마라

그 산에 까마귀가 있었다

더는

쫓겨 갈 곳 없는 목숨들이 있었다

사월은

사월은 낫 같은 초승달을 들고 산으로 간
그의 아버지가
죽음을 당한 달

사월은 그물 같은 세월을 빠져나가지 못한
그가
신음하는 달

사월은 바람에
돌에 허공에 미쳐
제 머리를 짓찧어댄다

진혼곡
— 4·3 유해 발굴 모습을 바라보며

슬퍼하지 마라
누구나 상처를 껴안고 살아가느니
찢긴 저 풀잎도 제 상처 보듬어 안고 살아갈 것이니

별빛 치렁치렁한 밤 캄캄한 흙더미 속에서
잉잉 울고 있는 원혼들아
원통하다 원통하다고

삭은 뼈 긁으며 괴로워하지 마라
이 지상의 불꽃이었던 것들은 모두 재가 될 것이니
흙으로 돌아갈 것이니 물이 되어 흐를 것이니

때 이른 승냥이 같은 바람이 할퀴고 갔을 뿐이니
한 줄기 미친 소나기가 퍼붓고 갔을 뿐이니
바람칼 맞아 뚝뚝 떨어지는 꽃잎이었을 뿐이니

그러므로 그대들,
막 동터오는 아침 햇살 한 자락씩 베어 물며
찬란한 이슬길 걸어 극락정토로 잘 가라

가서, 아름다운 넋으로 다시 살아나라

발가락뼈

 망자의 발을 만진다 노새처럼 지친 길 걸어온 사람이다 여윈 살가죽 뚫고 발가락**뼈**가 삐죽이 솟아날 것만 같다 **빼앗긴** 내 삶을 돌려달라며 힘껏 발길질할 것 같다

 색 바랜 작업복을 입고 발목에 각반 찬 망자의 흑백사진을 본 적이 있다 우습게도 그저 덤덤한 표정을 짓고 있다 왜 나는 그런 사진은 으레 고통으로 일그러진 모습을 하고 있어야 한다는 고정관념에 사로잡혀 왔던 것일까?

 한때 곡괭이로 제 가슴을 찍어내던 사람이다 일제 노역장에서 불경도 성경도 한번 읽어보지 못한 사람이다

 발이 차다 저 느릅나무 아래로 낙엽 지듯 한 사람의 생애가 저문다 제 살가죽 찢어내며 뾰족 솟아오를 것 같은 발가락**뼈**는 끝내 침묵하고 만다

송악산에서

수평선에 섬처럼 배 한 척 떠 있다

내가 서 있는 등 뒤로 일제 때 일제가 파놓은 동굴들이 커다란 아가릴 벌리고 있다

함포사격을 위해 만들어놓은 진지동굴이다

수학여행 온 일본 여대생들인 듯 무어라고 지껄이며 깔깔거리며 사진을 찍어대고 있다

그녀들은 지금 동굴의 먹이가 되어 서 있다

자신들이 동굴의 먹이가 되었다는 사실을 찍은 사진을 들여다보면 알게 되리라

슬프게도 저들의 먹이가 되었던 시절이 우리에게는 있었다

그녀들은 그런 사실을 알고서 희희낙락하는 것일까

저무는 산지포에서

  산지포에서 무람없이 울었습니다 울음은 무적 소리를 내며 당신 가슴에 아프게 스며들었겠지요 이윽고 배는 쿨렁거리며 먼 바닷길을 떠났습니다 나무 가장귀처럼 생긴 내 마음은 먼 훗날 반드시 돌아오리라 했습니다

  태평양전쟁의 막바지에서 모질게 살아 돌아왔습니다 허나, 풀잎 뒤에 새긴 이름은 잊지 못하여 끝내 잊었습니다 이제 더는 잎사귀에 내리는 순연한 달빛이 아니었습니다

  살아가는 일이 이렇게 아득한 것인지, 저무는 산지포에 서서 캄캄하게 울었습니다

강정에서 온 편지

꽃잎 닮은 연서였으면 했어
꽃물처럼 달콤하지 않았지
이별을 준비하고 있었어
한바탕 바람이 불어오고
단추를 잠그지 않아서
등 뒤 옷자락이 둥글게 부풀었지
쓰러지지 않으려고
힘껏 옆 바윗돌을 움켜쥘 때
크게 뒤채는 네가 보였어
이제 칼이 너의 몸에 스미고
본디 모습을 바꿔버릴 거야
너는 늘 그 자리에 있겠지만
진짜 너는 어디에도 없다는 것을
깨달을 무렵 나는
서랍 깊은 곳에서
슬픔만 만지작거리고 있을 거다

강정 바다에서

박제된 나비처럼
기억 속에서만 날갯짓하리라
무명(無明)이 불도저나 크레인을 앞세워
강정 앞바다를 밀어붙이리라
거북등처럼 생긴 암반
냇가를 유유자적하는 은어 떼
하느작거리는 수초들
하늘 그림자 담긴 앙증맞은 연못
그리고 거문도
그 모든 것들이, 사라지거나
인공물로 채워지리라
어느 날 우리는 그 마을 앞바다에
나그네처럼 내려서
그 곱던 모습은 다 어디로 가버렸는가
고작 감상에나 젖으리라
너는 끝내 지켜내지 못했지
먼 훗날,
강정 앞바다가 울부짖으며 말하리라

강정 앞바다에서

그가 막사발에 담긴 통김치를
여러 갈래로 좍좍 찢어서 주는 것은
이처럼 해체되어서는 안 된다는 뜻인가
그저 단순한 정감의 표현인가
부엌칼로 보기 좋게 자박자박 썰지 않고
손으로 좍좍 찢어 먹는
김치의 그 깊은 속맛, 그 온정이
못 견디게 가슴 속을 파고드는데
그러면서 우리가 저처럼
찢겨서는 안 된다는 것도 더불어 깨닫는데
김치여, 생살 찢겨서
아픔과 맛을 동시에 주는 김치여
강정 앞바다가 너희처럼
찢겨나갈 것을 생각하면
참담하다, 방금 찢어낸 김치 여기에 없듯이
저 고운 풍경들도 곧 지워져 버리겠지
사라진 뒤 누가 다시
정겨운 옛 모습으로 되살릴까?

강정 사람들

복사꽃처럼 오래 정겨웠던 마을이다
발파된 돌들 따뜻하던 온기가 순식간에 차디차졌다
굴착기가 배를 가르고 간단히 오장육부를 해체해버렸다
함께 산다고 다 이웃이 아닌 세상이 되어버렸다
강정이 유도화 이파리처럼 쓰디쓰다

북소리

 찢긴 북에서는 더 이상 북소리가 나지 않았습니다 두드리면 금가는 파열음만 사납습니다 언젠가는 찢기리라는 예상을 전혀 못한 것은 아니지만, 설마가 현실이 되고 벌어진 아가리는 온통 검붉은 피를 흘리다 못해 슬픈 고름 냄새를 매달았습니다 건재했던 시절의 소리가 둥둥, 그리워졌습니다 사무치게 그리워하는 시간들이 서슴서슴 흘러가자 내 안 저 어느 골짜기에서는 웬 북소리가 고개를 내밀었습니다 북소리가 끝났다고 내 안의 소리마저 끝난 것은 아니었습니다 내 안 어느 곳에 북소리는 낮게 물 흐르고 있었던 것입니다 끝이라고 생각하는 찰나, 북소리는 막힌 벽을 뚫으며 다시 들려오기 시작했습니다

■ 해설

희망의 원리

고봉준

 김광렬의 시는 '희망'을 '삶'의 방향으로 견인하고, 자연과 인간의 아날로지, 즉 유비적 상상력을 통해 자연세계를 삶에 대한 '성찰'의 원동력으로 삼는다. 그는 '희망' 없는 시대에 '희망'을 노래하고, 질주하는 자본의 힘에 이끌려 살아가는 속물의 시대에 '성찰'의 가능성을 타진한다. '희망'과 '성찰', 지난 시대의 민중적 서정이 핵심적 가치로 추구해왔던 이것들이 그의 시에서는 여전히 강렬한 빛을 발산하고 있다. 그에게 시는 삶을 배반하는 실험으로서의 미학적인 것이 아니라 삶과 나란하게 진행되는, 삶을 성찰할 수 있게 하는 반성적 언어의 힘이며, 온갖 불행으로 얼룩진 제주의 슬픈 역사를 '희망'으로 전유하려는 의지의 산물이다. 그의 시는 의지의 낙관주의를 견지하고 있으나 그것은 결코 순응주의가 아니다. 만해 한용운이 "슬픔의 힘을 옮겨서 새 희망의 정수박이에 들어부었습니다."(「님의 침묵」)라고 노래했듯이, 그는 고향 제주도의 풍경과 역사, 그곳을 터전으로 삼고 살아가는 사람들의 대지적 삶에서 결코 꺾이지 않는 생에 대한 건강한 열정과 생명의 원초적 역동성을 발견한다. 때문에 그의 시에서 '희망'은 현재의 사실을 수리하는 긍정과 순응이 아니라 슬픔과 상처에도 불구하고 희망의 끈을 놓지 않으려는, 슬픔을 '희망'의 원초적인 출발점으로 인식하려는 '그럼에도 불구하고'의 태도와 밀접하게 연관된다. 의지의 낙관주의란 바로 이러한 태도를 가리킨다.

>
> 초가 한 채와 조랑말과
> 마른 풀잎과 몇 그루 나무와
> 지팡이 짚은 깡마른 사내 하나
> 절뚝거리며
> 바람을 분질러내고 있다
> 저 다리로 험한 세월 건너왔다
> 성한 다리 지니고도
> 나는 자주 세상에 꺾인다
> 날갯죽지 찢길 것 같은
> 바람까마귀 몇
> 강파른 죽음을 이겨내고 있다
>
> 쨍,
> 금 가는 소리 들린다
> ―「황지(荒地)에서 ― 변시지 화백의 그림을 보며」 전문

 김광렬의 시에서 자연/사물은 성찰적인 삶을 위한 인식의 지평으로 기능한다. 그의 시에서 자연/사물은 초월적 세계와 맞

닿아 있는 신비한 대상도 아니고, 찬양되어야 할 아름다움의 결정체도 아니며, 무엇보다 인간의 삶 바깥에 존재하는 외부적인 것이 아니다. 이른바 자연적 서정이라고 말할 수 있는 이러한 경향은 아스팔트에서 태어나고 성장한 세대의 상상력과는 본질적으로 다르다. 그의 시에는 문화적 데이터베이스를 소비하는 흔적이 없고, 오늘날 자연이나 인간보다 더 익숙한 것인 기계문명과는 친연성이 드러나지도 않는다. 이는 세대로서의 시간적 차이면서 동시에 '제주'라는 공간적 특수성이 짙게 투영된 결과처럼 보인다. 인용시에서 시인은 지금 변시지 화백의 그림을 마주하고 있다. 한 채의 초가와 조랑말, 마른 풀잎과 몇 그루의 나무, 그리고 지팡이를 짚은 깡마른 체구의 사내 하나가 등장하는 그림이다. 시인은 지팡이를 짚은 사내의 형상을 절뚝거리며 바람을 분지르는 것으로 읽는다. 그리고 다음 순간, 시인은 절뚝거리는 다리로 험한 세월을 건너온 사내의 삶과 성한 다리로도 자주 세상에 꺾였던 자신의 삶을 비교한다. 까마귀 몇 마리가 날갯죽지가 찢길 것 같은 바람을 이겨내고 있는 모습은 독자에게 고단한 삶을 통과해온 사내의 건강한 삶이 어떠한 것이었는가를 암시하고 있다. 그러니까 이 시는 고난의 시간을 견딤이라는 관점에서 '그림-까마귀(자연)-시인' 사이에 하나의 계열을 만들고 있다. 이 계열이 시인에게 '성찰'의 계기로 작용함은 물론이다.

 별개로 존재하는 사물/인간 사이에서 연속성을 발견하고, 그것을 '성찰'의 계기로 삼는 발화의 방식은 실상 이 시집 전체에서 광범위하게 확인된다. 가령 「앉은뱅이 꽃」에서 시인은 높고 큰 '선돌'에만 시선을 주면서 살아온 자신의 생을 반성하면서 "왜 나도 선돌이 한 번도 눈길 주지 않는//앉은뱅이 꽃이라는 사실을/캄캄하게 몰랐을까"처럼 자신의 삶을 되돌아보며, 「내가 강자였을 때」에서는 "약자는 강자의 먹이가 된다는 사실을/보다 강자였을 때 나는 까마득히 몰랐다"처럼 한평생 "강자의 꿈"만을 꾸었던 자신의 삶을 반성한다. 그리고 「젖은 꽃들을 바라보며」에서는 일상을 포박해온 "생존이라는 끈"을 버리지 못한 자신의 비겁함을 비판하고, 「거미줄 손등」에서는 "거미줄 친 손등"을 부정했던 지난날을 되돌아보며 "나를 맞이하러 오는 생을 거부하는 일은/나를 잃어버리는 일이라며 마음을 돌려세웠지"처럼 시간의 흐름을 긍정하려는 삶의 태도를 견지한다. 때때로 이러한 성찰에의 욕망은 "자신의 욕망만을 위해서/앞만 보며 달려가는 사람은/사람이고서도/사람이 아닙니다"(「물기슭에 서서」)처럼 가치 있는 인간의 삶이라는 보편적 주제로 확장되기도 하고, "나는 소싯적 찌든 아비를/얼마나 부끄러워했는가"(「고기국숫집에서」) 같이 순탄치 않았던 가족사를 회고하는 방편이 되기도 한다. 이러한 성찰에의 의지가 '상처'의 존재론과 결합될 때 희망의 메타포가 탄생한다.

    성한 곳이라고는 한 군데도 없는
    그야말로 벌집처럼 패인 저 양은주전자도
    상처 드러낸 채로 살아가잖는가

    우리가 세상 경륜을 두루 거친 인생 선배를 존경하듯
    찌그러지고 헐벗어서 더 손님들이 사랑한다는
    막걸리 양은주전자를 바라보며

그래, 상처투성이로 살아간다고 슬픈 것만은 아니라고

너에게 위안을 주는 것은
결코 너를 위무하는 말만은 아니다
떨어져 비에 젖은 나뭇잎을 바라보며
모든 사람들이 다 추지다고 여기지는 않듯이

세상 한 모퉁이에는 아픈 것들에게
따뜻한 시선을 보내는 이들도 있다
한스러움으로 본다면 저 양은주전자도 남 못지않다

그러나 도전적으로 묵묵히
그래, 더 부딪치며 살아가자
그 순간순간들이 내가 살아가는 존재의미라는 듯
상처를 빛내며 사람들에게로 간다
상처가 상처를 어루만지러 간다
　　　　　　　―「막걸리 양은주전자를 바라보며」 전문

 시인은 지금 상처투성이의 양은주전자를 보고 있다. 이곳은 퇴근길의 허름한 술집이거나 특별한 이유로 사람들이 모여 술잔을 기울이고 있는 공간일 것이다. '상처', '상처투성이' 등의 표현이 암시하듯이 이 시에서 찌그러진 '양은주전자'는 상처의 객관적 상관물이다. 최신의 화려한 것만이 주목받는 시대에, 젊음만이 특권처럼 인식되는 시대에 시인은 낡고 투박한 '양은주전자'에 새로운 의미를 부여하려 한다. 우리가 "세상 경륜을 두루 거친 인생 선배를 존경"하듯이, 술집에 드나드는 손님들은 '양은주전자'를 "찌그러지고 헐벗어서 더 손님들이 사랑한다"는 것이 일종의 논리라면 논리이다. 이러한 인식의 전이를 통해 시인은 "상처투성이로 살아간다고 슬픈 것만은 아니라"는 결론을 얻는다. 여기까지가 구체적인 경험에 관한 이야기라면, 그 이후로는 이 경험을 일반화한 것이다. 즉 "떨어져 비에 젖은 나뭇잎"을 세상 모든 "사람들이 다 추지다고 여기지는 않듯"이 세상에는 "아픈 것들"에게 따뜻한 시선을 보내는 이들도 있다는 것이다. 사실 이 시에서 형상화의 과정을 거치지 않은 5연의 진술들은 계몽적인 느낌이 지나치게 강해서 불필요하다는 느낌도 든다. 하지만 상처가 상처를 빛내고, 상처가 상처를 어루만진다는 발상은 김광렬의 시에서 '상처'의 존재론이 암묵적으로 전제하고 있는 인식을 드러낸다는 점에서 중요하다.

김광렬의 시는 '성찰'과 '희망'의 두 축으로 세워진 건축물이다. 대상/자연을 삶을 성찰하는 계기로 전유하는 과정이 전자라면, '상처'의 존재론에 기대어 작고 연약한 것에서 삶의 또 다른 가능성을 이끌어내는 과정이 후자이다. 시집 전체에 편재되어 있는 특정한 이미지들, 가령 '소금'(「소금」), '석양'(「아프리카」), '앉은뱅이 꽃'(「앉은뱅이 꽃」), '젖은 꽃'(「젖은 꽃들을 바라보며」), '풀잎'(「물기슭에 서서」), '새순'(「새순」), '이름 없는 것'(「이름 없는 것들을 위하여」) 등은 모두 상처를 껴안고 살아가는 것들이거나 작고 힘없는 연약한 존재라는 공통점을 지니고 있다. 이것들은 '주변적인 것'이다. 시인은 '주변적인 것'의 소박한 초라함에서 새로운 삶의 잠재성을 발견하고 있는데, 이러한 의지의 낙관주의는 "누구나 다 슬픈 한때는 있는 거라며/별들이 내려와/주렁주렁 고운 잎들을 달아주었다"(「늦가을」), "어디서나 사람들은 살아가기 마련이다/지옥 불구덩이 속에서도 살아갈 것이다"(「밀감 따는 여인들」), "너도 아프고 나도 아플 때 있지//그럴 때면 가슴 한복판으로/반짝이며 흐르는 물소리를 듣네"(「반짝이며 흐르는 물소리를 듣네」) 같은 진술에서 한층 분명하게 드러난다. 시인에게 삶이란 상처를 껴안고, 견디며, 끝내 그것을 딛고 다시 일어서는 신생(新生)의 과정이다. 이 신생의 잠재성이 있는 한 삶은 어떤 '상처'에 의해서도 훼손될 수 없고, 어떤 힘에 의해서도 제약되지 않는다. 이런 점에서 "안개가 가린다고/삶이 가려지는 것은 아니다"(「숲」)라는 진술은 삶의 잠재성을 탈은폐(aletheia) 과정으로 접근한다.

흥미로운 것은 이러한 진술이 '상처'에 대한 단순한 긍정이 아니라 '상처'와 '상처'의 만남, 즉 "이다음에 만나면/너에게 묻은 슬픔을 내가 털어주마"(「빗방울이 나뭇잎과 만날 때」)처럼 상처를 통한 연대와 그것의 치유 가능성을 함축하고 있다는 사실이다. 시인은 모든 생명은 '상처'를 지니고 있으니 '상처'에 집착하지 말라고 말하지 않는다. 대신 그는 삶이란 그 상처를 껴안고 살아가는 것, 그리고 '상처'를 딛고 일어서는 과정, 그리하여 '상처'와 '상처'의 만남이 서로의 '상처'를 치유하는 과정임을 역설(力說)하고 있는 것이다. 물론 이러한 인식은 '빗방울'과 '나뭇잎'이라는 자연의 배치를 통해 정당화되고 있지만, 시집 전체를 통해 드러나는 '상처'의 존재론 역시 이와 일맥상통한다. 그런데 이러한 '상처'의 존재론에서 분명하게 배제되는 것들이 있다. 그것은 작고 여린 것과는 선명하게 구분되는 것들, 가령 '선돌'(「앉은뱅이 꽃」)과 '강자'(「내가 강자였을 때」)처럼 거대하고 단단한 것이 바로 그것들이다.

그리고 '기계'는 그것들 중에서도 가장 단단하고 거대한 '강자'의 이름이다.

> 기계 풍차가 공룡 같다 둔중한 무게로 덜컹덜컹 돌아간다 그 밑을 지나다 보면 날개가 파편처럼 튀며 내 목을 통조림 따듯 따 버릴 것 같다
> 행원(杏原)이라는 아름다운 이름을 가진 마을 끝에 쇳덩이들은 살고 있다 살구꽃이나 복사꽃이 만화방창할 것 같은 그곳은 이제 끝없는 겨울의 시작이다
> 표정 없는 저 거대한 물체들, 차가운 손가락들이 허공을 휘저을 때면 싹둑싹둑 허리 잘리는 바람 소리 소름 돋는다
> 그래도 아래 발치 풀밭엔 오종종 핀 쑥부쟁이들이 그나마 입김 따뜻하다
>
> ―「행원(杏原)」 전문

모든 존재자들이 특유의 '상처'를 껴안고, 그것과 함께 살아간다는 시인의 인식론은 인간 삶의 구체성이나 자연세계의 질서/풍경은 매우 긍정적인 시선으로 바라보지만 '기계'로 대표되는 문명의 현대성에는 분명하게 부정적인 입장을 취한다. 이는 '상처'의 존재론이 반(反)기계주의적 태도를 지녔다는 것을 뜻하는데, 김광렬의 시에서 '기계'는 항상 상처를 주는 존재로 등장한다. 일찍이 독일의 철학자 하이데거는 기술(테크네)을 설명하면서 예술을 포함한 일체의 기술을 밖으로 끌어내어 앞에 내어놓음(포이에시스)의 일종이라고 설명했다. 하이데거에게 기술(예술)은 탈은폐의 한 방식이고, 현대의 기술 또한 동일한 것이라고 주장했다. 하지만 하이데거는 예술이나

수공업적 기술 행위가 탈은폐하는 방식과 현대 과학기술이 탈은폐하는 방식을 구분하면서 후자를 드러냄이 아니라 몰아세움과 닦달의 탈은폐라고 비판했다. 김광렬의 시에서 '기계'의 위상이 정확히 그렇다. 오래전에 조지 오웰은 영국 북부 탄광지대의 경험을 담은 르포르타주 『위건 부두로 가는 길』에서 "우리 모두 기계에 의존해 살아가고 있기에 기계가 작동을 중지한다면 대부분 다 죽게 될 것이다. 기계문명을 혐오할 수 있고 혐오하는 게 옳을 수도 있지만, 지금으로선 그것을 받아들이느냐 거부하느냐가 문제일 수 없다. 기계문명은 이미 '여기' 존재하며 우리는 그 안에서만 비판할 수가 있다."라는 멋진 표현을 선보였다. 오웰의 이러한 인식은 기계문명을 비판하고 그 반대급부로서 생태학적인 '자연' 상태를 예찬하는 일보다 기계문명과의 공존을 모색하는 것이 한층 중요하고 시급한 일임을 일깨워준다. 하지만 김광렬의 시, 그리고 '제주'라는 공간에서는 사정이 조금 다른 듯하다.

'행원'은 북제주에 위치한 마을(구좌읍 행원리)의 지명이다. 그곳은 국내 최초로 풍력발전단지가 세워진 곳으로, 거대한 바람개비들이 해안도로를 따라 길게 줄지어 늘어선 이국적 풍경으로 유명하다. 제주를 찾는 관광객들에게 '행원'은 신기한 볼거리의 공간이다. 여행객은 멀리 바라보이는 바람개비들을 목격하고선 비로소 자신이 제주에 당도했다고 느낀다. 어느 곳에서나 여행자의 시선은 그곳에서 살아가는 사람들과 그들의 생활환경을 단순한 볼거리로 만들어버리는 시선의 폭력에서 자유롭지 않다. 관광객들에게는 그곳을 터전으로 살아가는 사람들과 그 공간에 각인된 상처가 보이지 않는다. 시인에게 거대한 기계 풍차들은 '공룡'처럼 보인다. 둔중한 무게로 돌아가는, 그리하여 그 아래를 지날 때마다 시인은 그 거대한 날개들이 자신의 목을 칠 수도 있다는 위압감을 느낀다. 행원(杏原), 은행나무들이 즐비할 것 같은 이 마을에는 살구꽃이나 복사꽃 대신 거대한 '기계 풍차'들이 자리하고 있고, 이 기계장치들은 계절의 변화와 무관하게 그곳을 "겨울의 시작"으로 경험하게 만든다. 어쩌면 이러한 감각의 차이는 멀리서 보는 여행자의 시선과 그곳에서 사는 토박이들의 시선의 차이에서 비롯되는 것일 수도 있다. 하지만 김광렬의 시는 여기에서 멈추지 않는다. 그는 그 거대한 바람개비, 기계 풍차 아래에 피어 있는 쑥부쟁이에서 따뜻한 입김을 발견한다. "그래도 아래 발치 풀밭엔 오종종 핀 쑥부쟁이들이 그나마 입김 따뜻하다". 쇳덩이의 '겨울' 이미지와 대비되는 이 '입김'이 생명과 희망의 객관적 상관물임을 모르기는 쉽지 않다.

이제 칼이 너의 몸에 스미고/본디 모습을 바꿔버릴 거야/너는 늘 그 자리에 있겠지만/진짜 너는 어디에도 없다는 것을/깨달을 무렵 나는/서랍 깊은 곳에서/슬픔만 만지작거리고 있을 거다
　　　　　　―「강정에서 온 편지」부분

박제된 나비처럼/기억 속에서만 날갯짓하리라/무명(無明)이 불도저나 크레인을 앞세워/강정 앞바다를 밀어붙이리라/거북등처럼 생긴 암반/냇가를 유유자적하는 은어 떼/하느작거리는 수초들/하늘 그림자 담긴 앙증맞은 연못/그리고 거문도/그 모든 것들이, 사라지거나/인공물로 채워지리라
　　　　　　―「강정 바다에서」부분

'강정' 시편들을 포함하여 5부에 실린 십 여 편의 작품들은 제주의 과거와 현재, 폭력적인 수탈과 억압의 역사를 한 편의 파노라마처럼 상연한다. 5부의 두 번째 작품인 「그 산엔 까마귀가 있었다」는 알레고리적인 진술방식을 이용하여 제주의 불행했던 역사가 "강자들의 논리"에 의한 것이었음을 고발한다. "얼마나 많은 까마귀들이 죽어갔는가/어쨌든 강자들의 논리는 늘/불편한 존재는 한 하늘을 이고/살 수 없다는 것이다". 역사적 기억의 일부로 보존되고 있는 정치적 폭력의 경험이 시인에게는 "불편한 존재"를 추방하는 "강자들의 논리"로 이해되고 있다. 추측컨대 이러한 인식은 시인의 개인적인 것이기보다는 제주도의 역사를 바라보는 섬사람들의 공통감에 가까울 듯하다. 시인은 이 작품을 시작으로 "삼십 년 아픔의 시간을 보내다 그 모습을 드러"(「다랑쉬오름에서」)낸 '해골' 이야기와, '4월'을 "아버지가/죽음을 당한 달"(「사월은」)로 기억하는 사람들의 이야기, 그리고 "일제 노역장"(「발가락뼈」)에 끌려갔다 죽은 망자의 발 이야기 등을 연속적으로 배치한다. 또한 과거 일제가 "함포사격을 위해 만들어놓은 진지동굴"(「송악산에서」) 앞에서 기념촬영을 하는 일본 여대생들, "태평양전쟁의 막바지에서 모질게 살아 돌아"(「저무는 산지포에서」)온 자의 목소리를 빌려 슬픔을 토로하는 시편들을 배치한다. 이러한 시편의 배치가 의미하는 바는 분명하다. 시집의 5부를 제주의 역사, 그 슬픔의 연대기로 채우겠다는 것이다. 그리고 이 연대기의 마지막에 해군기지를 건설한다는 이유로 무자비하게 파괴되고 있는 '강정' 이야기를 배치한다.

　김광렬의 '강정' 시편들은 해군기지 건설이라는 이름으로 파괴되는 구럼비의 비극을 문명에 의한 자연의 회복불가능한 파괴로 형상화한다. 이는 행원 마을의 거대한 바람개비를 바라보는 시선과 정확히 일치한다. 예를 들면 「강정에서 온 편지」에서 그것은 '칼'과 '몸'의 관계로, 「강정 바다에서」에서 그것은 인공물과 자연, '불도저-크레인'과 '은어-수초-연못-거문도'의 관계로 각각 비유된다. 여기에서 전자는 기계문명, 강자, 거대한 것이고, 후자는 자연세계, 약자, 작고 소박한 것이다. 문명에 의한 이러한 자연의 파괴는 '강정'을 노래한 또 다른 시에서는 "찢겨나갈 것"(「강정 앞바다에서」)과 '굴착기'에 의해 오장육부를 해체당하는 '배'(「강정 사람들」)로 변주되고 있다. 이 변주의 다양성이 어디까지 확장되건 '강정' 바다에 자행되고 있는 폭력적인 건설이 약자에게 행해지는 강자의 폭력, 자연에 행해지는 기계문명의 폭력, 작은 것에 대해 행해지는 거대한 것의 폭력이라는 시인의 인식은 변하지 않을 듯하다. 이처럼 시집의 후반부에 실린 시편들에서는 좀처럼 '희망'의 씨앗을 발견하기가 어렵다. 그렇다면 김광렬이 '희망'의 시인이라는 애초의 평가가 수정되어야 하는 것일까? 이 질문에 대한 응답이 마지막 시 「북소리」이다.

  찢긴 북에서는 더 이상 북소리가 나지 않았습니다 두드리면 금가는 파열음만 사납습니다 언젠가는 찢기리라는 예상을 전혀 못한 것은 아니지만, 설마가 현실이 되고 벌어진 아가리는 온통 검붉은 피를 흘리다 못해 슬픈 고름 냄새를 매달았습니다 건재했던 시절의 소리가 둥둥, 그리워졌습니다 사무치게 그리워하는 시간들이 서서슴슴 흘러가자 내 안 저 어느 골짜기에서는 웬 북소리가 고개를 내밀었습니다 북소리가 끝났다고 내 안의 소리마

저 끝난 것은 아니었습니다 내 안 어느 곳에 북소리는 낮게 물 흐
르고 있었던 것입니다 끝이라고 생각하는 찰나, 북소리는 막힌
벽을 뚫으며 다시 들려오기 시작했습니다

—「북소리」 전문

 시집 전편을 통해 시인은 제주도에 불어닥친 온갖 불행들이 평온했던 그곳 사람들의 삶을 불가역적으로 파괴했음을 직시하고 있다. 그렇기 때문에 그의 낙관주의는 '의지'의 낙관주의라고 말할 수밖에 없다. '강정' 문제에 한정해서 말하자면 시인은 "저 고운 풍경들도 곧 지워져 버리겠지/사라진 뒤 누가 다시/정겨운 옛 모습으로 되살릴까?"(「강정 앞바다에서」), "함께 산다고 다 이웃이 아닌 세상이 되어버렸다"(「강정 사람들」)처럼 과거의 시간이 복원되지 못할 것임을 알고 있다. 인용시에서 '북소리'는, 김광렬의 이전 시집들에서도 종종 확인되듯이, 제주의 바다에서 들려오는 생명의 소리이다. 그러나 지금, 그 생명의 소리를 내던 '북'은 찢어졌다. 그것은 이제 그리움의 대상으로만 존재할 뿐이다. 하지만 이 참담한 현실 앞에서도 시인은 단호하게 "북소리가 끝났다고 내 안의 소리마저 끝난 것은 아니었습니다"라고 말한다. 어떻게 이것이 가능할까? 그것을 가능하게 하는 것이 '그리움'이다. 물론, 이러한 감정의 능력을 신뢰하는 것이 관념에 불과하다고 비판할 수도 있겠지만, 우리는 대상에 대한 간곡한 그리움이 그것을 불러들이는 원동력이 될 수 있음을 알고 있다. 이 간절함이 없다면 '대상'은 그저 우리의 바깥에 존재하는 사물에 지나지 않을 것이다. 뒤집어 말하면 '북소리'는 들리지 않는 듯

한 침묵의 순간에조차 우리의 내면에서 가늘고 약하게, 그러나 끊어지지 않고 흐르고 있는 것이다. '그리움'은 그 잠재적인 흐름을 가시화하는 변화의 문턱임을 시인은 안다. 시집의 표제인 "그리움에는 바퀴가 달려 있다"가 의미하는바 또한 이것이다. "이별이 우리를 갈라놓았지만/헤어졌다고 그리움이 없는 것은 아니다", "그리움이 짙으면 짙을수록/바퀴가 굴러가는 속도는 빠르다"라는 진술에는 이 그리움의 능력에 대한 믿음이, 우리가 '의지의 낙관주의'라고 말했던 '희망'에의 의지가 선명하게 새겨져 있다. 슬픔의 힘을 옮겨서 새 희망의 정수리에 붓는다는 한용운의 믿음도 이와 유사했으리라 짐작하며 낮은 소리로 그리움의 바퀴에 마음을 실어본다.

>그리움에는 바퀴가 달려 있다
>덜컹덜컹, 때로는 미끄러지듯
>내가 닿고 싶은 곳으로 데려다 준다
>그리움이 짙으면 짙을수록
>바퀴가 굴러가는 속도는 빠르다
>어느새 내가 가고 싶은 곳에 닿아 있다
>너는 모르지 너의 곁에 내가 있다는 것을
>지금 바로 출발한 내가
>너의 손에 편지처럼 들리어져 있는 것을
>이별이 바퀴를 굴리며 떠나가듯이
>그리움도 바퀴를 굴리며 떠나간다
>이별이 우리를 갈라놓았지만
>헤어졌다고 그리움이 없는 것은 아니다
>그리움으로 슬픔을 덮으며 살기도 한다

그리움에는 바퀴가 달려 있어서
늘 너에게로 떠날 수 있어서
이별은 있어도 좋다
　　　　　　—「그리움에는 바퀴가 달려 있다」 전문

　　　　　　　　　　　　　高奉準 | 문학평론가

그리움에는 바퀴가 달려 있다

그리움에는 바퀴가 달려 있다

덜컹덜컹, 때로는 미끄러지듯

내가 닿고 싶은 곳으로 데려다 준다

그리움이 짙으면 짙을수록

바퀴가 굴러가는 속도는 빠르다

어느새 내가 가고 싶은 곳에 닿아 있다